PRÉCIS

HISTORIQUE

DES

JOURNÉES DE JUIN 1848.

DOUAI.

ADAM D'AUBERS, imprimeur, rue des Procureurs, 12.

1849

Les grands événements qui viennent de s'accomplir sont
à jamais mémorables. L'existence de la République me-
nacée, la société toute entière ébranlée jusqu'à la base et
à la veille d'un bouleversement général qui aurait amené
sa ruine, tels sont les immenses périls que nous avons cou-
rus. L'insurrection disposant de forces telles qu'elle n'en a
jamais déployé de pareilles depuis soixante années, une
énergie désespérée, un courage digne d'une meilleure
cause, engageant une lutte à mort contre l'autorité de la
République ; voilà les ennemis qu'avait à combattre la
garde nationale et l'armée.

Mais si les insurgés combattaient avec une sombre fu-
reur et ensanglantaient le sein de la patrie par des actes
odieux de carnage et de sauvage barbarie, de braves enfants de la France, la garde nationale de Paris et des départements, la garde mobile, l'armée toute entière, don-
naient l'exemple d'un héroïsme à toute épreuve et tel que
nous le retrouvons à tous les grands jours de notre histoire.

La victoire a couronné les défenseurs de l'ordre et de la
liberté, les vrais soldats de la République ! Après avoir
gémi sur la lutte impie des uns, rendons gloire à la lutte
héroïque des autres, et que ces grands souvenirs ne péris-

sent pas. Les plaies de la patrie se cicatriseront ; mais que tant de sang français ne soit pas inutilement répandu : la République sortira de la lutte, grande , noble, généreuse , inébranlable, affermie par les efforts de ceux-là mèmes qui conspiraient sa ruine. Puisse la concorde et l'union de tous les Français réparer les maux passés et prévenir le retour d'événements aussi funestes que ceux dont nous entreprenons le récit.

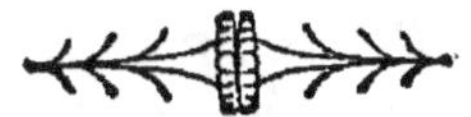

Journée du 22 juin.

Depuis quelques jours, une grande fermentation régnait à Paris, à propos de la question des ateliers nationaux. Des rassemblements considérables avaient lieu chaque soir sur la place de l'Hôtel-de-Ville, sur les boulevards, sur la place de la Bastille. On prévoyait déjà une lutte prochaine, et l'inquiétude s'emparait de tous les esprits.

C'est le 22 juin que tous les signes précurseurs de la tempête devinrent plus manifestes. Vers dix heures du matin, on remarque une vive agitation aux abords du Luxembourg. Les ouvriers des ateliers nationaux qui ont reçu l'ordre de s'éloigner de Paris, refusent d'obéir. Le matin, des délégués choisis parmi eux se sont rendus, bannière en tête, auprès de la commission du pouvoir exécutif, pour obtenir la révocation du décret qui a été rendu contre eux.

Peu satisfaits des réponses qui leur ont été données, ils se sont aussitôt répandus dans la rue de Vaugirard, en criant, et sur l'air *Des lampions : Bona...parte... à la Chambre.* Les ouvriers prétendent qu'on veut les tromper; *que la Sologne où on les envoie est un pays où la terre est pourrie et où ils mourront de faim.* Divisés en plusieurs bandes, les ouvriers parcourent la ville en proférant divers cris. Sur la place du Carrousel, ils ont crié : *Vive la République! vive la République démocratique!*

Un des leurs ayant répondu, rue de Vaugirard, par le cri de *vive Henri V!* a failli être écharpé par ses camarades; on a eu toutes les peines du monde à le conduire sain et sauf au poste de la rue du Petit-Bourbon-Saint-Sulpice. Une grande fermentation se manifeste dans tous les quartiers. Partout se forment des groupes animés où la question des ouvriers est chaudement discutée.

A onze heures, quelques groupes se tenaient au bas du Pont-National sur la rive gauche. Des ouvriers racontaient qu'au Jardin-des-Plantes , lorsque le matin on communiqua à cinq cents hommes des ateliers nationaux l'ordre de partir pour la Sologne , tous s'étaient débandés en refusant d'en entendre davantage. « On veut se débarrasser de nous , disaient-ils ; on veut nous faire coucher dans l'eau , sous des toiles, pour se débarrasser de nous ; on nous promet trente sous du mètre , et on nous en donnera douze ; ça ne peut pas durer comme ça. »

Dès le matin , des ouvriers des ateliers nationaux, en assez grand nombre , ont quitté leurs travaux et se sont formés en bandes de 4 à 500; puis ils parcourent différens quartiers, précédés de drapeaux et de bannières , en chantant et en poussant des cris. Sur leur passage , ils engagent les autres ouvriers à se joindre à eux, et leur donnent rendez-vous ce soir pour faire une démonstration. Nous devons ajouter que presque tous les ouvriers ont refusé de participer à ces promenades tumultueuses.

Ces rassemblemens sont sans doute l'origine du bruit qui a couru que les ouvriers devaient se rendre à l'Assemblée nationale pour y faire une manifestation. Il paraît que ce bruit s'en est répandu même dans le sein de l'Assemblée , car des précautions militaires ont été prises : le 2e régiment de dragons est arrivé au palais législatif, et le général Négrier, en uniforme, a parcouru les rangs des troupes , et leur a assigné les positions qu'elles devaient occuper.

La colonne d'ouvriers, au milieu de laquelle on a remarqué, à ce que rapporte la *Patrie*, un officier, un sous-officier et plusieurs soldats de la garde mobile , s'est dirigée vers les faubourgs Saint-Marceau et Saint-Antoine. Elle s'est grossie de quelques centaines de désœuvrés, et le soir elle stationnait sur les places de la Bastille et du Trône. Des commissaires de police ont reçu ordre de se rendre sur les lieux pour dissiper les attroupemens.

Le soir, à dix heures, des rassemblemens assez considérables se sont formés près des portes Saint-Denis et Saint-Martin : le rappel a été battu dans plusieurs quartiers.

Dans la soirée, une foule compacte et composée en grande partie d'ouvriers stationnée sur les quais depuis le pont Notre-Dame jusque sur la place de l'Hôtel-de-Ville. On voit arriver une charrette du haut de laquelle deux hommes jettent à droite et à gauche des imprimés dont voici le titre : « Appel fait par le club de Montmorency (club composé des ouvriers nationaux), à tous les Français, pour signer la pétition qui doit être présentée à l'Assemblée nationale, pour l'organisation du travail. »

Partout l'attitude des groupes est devenue menaçante. A huit heures, la place du Panthéon est couverte de plusieurs milliers d'ouvriers. A huit heures et demie, une colonne forte de 4 à 5,000 individus a quitté le faubourg, et drapeau en tête, est descendue sur le quai de l'Hôtel-de-Ville, a traversé la place et pris la direction du faubourg du Temple, où elle devait faire sa jonction avec les ouvriers des quartiers du Temple et Saint-Antoine.

Des mesures sont prises par l'autorité ; la place de l'Hôtel-de-Ville est occupée militairement. La troupe de ligne prend possession de la cour de la préfecture de police. La garde nationale a été convoquée partiellement.

La nuit se passe de la sorte dans l'attente de grands événements et dans ce calme formidable qui précède ordinairement les orages. On n'eut cependant aucun événement à déplorer.

Journée du 23.

Dès le matin, le rappel est battu dans toutes les légions pour réunir la garde nationale.

En même temps la nouvelle se répand que des barricades s'élevaient à la porte Saint-Martin.

En effet, si les boulevards, à partir de la rue Montmartre, semblent ne point se ressentir de l'agitation qui s'est manifestée sur divers points de Paris, à la porte Saint-Denis il en est autrement : le passage des voitures est presque intercepté par la foule compacte qui stationne en cet endroit et qui paraît fort animée.

Il en est de même à la porte Saint-Martin. Les rassemblements se sont, du reste, dissipés à l'arrivée d'une colonne d'agens de police.

Les boulevards, de la porte Saint-Martin à la Bastille, étaient très-calmes ; cependant vis-à-vis de la rue d'Angoulême s'était formé un rassemblement assez important.

A la Bastille, dix ou douze groupes nombreux stationnaient sur la place ; on y traitait diverses questions, dont une touchait de près aux premiers principes d'ordre : il s'agissait de se porter en masse sur Vincennes pour délivrer Barbès.

Mais, disaient les orateurs, avant d'agir par la force, on devrait se mettre en communication avec les officiers et les soldats qui constituent la garnison du fort ; on devrait leur rappeler que l'armée est pour le peuple, et les convaincre qu'il n'y aurait aucun danger de mettre Barbès en liberté ; puis on porterait Barbès à l'Assemblée Nationale, et on l'y réinstallerait de force, si elle ne voulait pas le recevoir de bonne volonté...

Bientôt le mouvement se propage. A onze heures, des barricades se dressent simultanément rue Saint-Martin, rue Saint-Denis et rue du faubourg Saint-Denis jusqu'à la rue d'Enghien. Tout passant était contraint de travailler aux barricades.

Jusqu'à midi rien ne paraît avoir été tenté pour troubler l'entreprise des insurgés. A cette heure, des détachemens de la garde nationale arrivent par la rue Saint-Martin ; ils sont reçus à coups de feu partis des barricades.

A midi et demi, un bataillon de la garde nationale de la deuxième légion s'avance près de la barricade de la rue Saint-Denis. Les gardes nationaux, reçus par quelques coups de fusil, ripostent par trois ou quatre feux de peloton, et par humanité ils déchargent leurs fusils en l'air ; les insurgés répondent par de nouveaux coups de feu.

A ce moment, un fort détachement de la deuxième légion est venu renforcer le bataillon qui se trouvait engagé. Après la fusion des deux corps, un silence plein d'anxiété a régné pendant quelques instans ; mais ce silence a été bientôt rompu par des feux de peloton qui se succédèrent sans interruption pendant près d'un quart d'heure, et auxquels les insurgés ont répondu par un feu de tirailleurs bien soutenu.

Il est impossible de rendre l'effet produit par cette épouvantable fusillade sur les masses qui encombraient le boulevard à une certaine distance, et qui de temps à autre, à mesure que le feu redoublait, s'enfuyaient sous l'empire d'une terreur indicible.

Cette lutte sanglante devait prendre une extension nouvelle. A une heure, des forces imposantes, sous le commandement du général Lamoricière, arrivent par le boulevard du côté de la Madeleine. A l'arrivée de ces troupes, la barricade avait été enlevée par la garde nationale.

Partout le combat s'organise. L'artillerie est mise en batterie contre les barricades, qui sont pour la plupart renversées ou prises d'assaut.

—Une femme a été tuée à la porte St.-Denis sur la barricade. Les insurgés tirent des fenêtres d'une maison voisine.

Un représentant du peuple qui parcourt le boulevard à cheval, avec ses insignes à sa boutonnière, est accueilli par les cris : *A bas les aristocrates !*

La garde mobile donne des preuves du plus parfait dévouement. Repoussés de Paris, ceux des révoltés qui n'ont pas été cernés par la force publique ont enlevé les rails des chemins de fer, et continuent le combat dans les faubourgs. Ils se sont jetés sur les communes des environs de Paris, pillent et massacrent les habitants. Le télégraphe électrique avait été coupé dès avant-hier jusqu'à Amiens, ce qui prouve que le complot était prémédité.

Le nombre des morts et des blessés est considérable. Toutes les pharmacies des boulevards sont transformés en ambulances et encombrées de blessés. On cite plusieurs officiers qui ont été tués.

Pendant ces graves événements, l'Assemblée Nationale délibérait, et se préparait par des mesures énergiques à défendre la patrie en danger. Il fallait concentrer le pouvoir dans une seule main, ferme et énergique. On fit choix pour cette grande mission du général Cavaignac, qui avait acquis dans nos guerres d'Afrique une glorieuse célébrité. Le général Cavaignac consentit à accepter le commandement général, à la condition que les ordres partiraient d'un seul point; Paris est mis en état de siège.

Sur les deux heures, les barricades se multiplient. Le tocsin sonne à St.-Séverin et à St.-Sulpice.

—Les princes Napoléon Bonaparte et Pierre Bonaparte étaient à cheval à côté du général Cavaignac, pour montrer au peuple que leur famille n'était pour rien dans ce mouvement insensé.

Journée du 24.

Pendant que l'on se battait dans les rues de Paris, que l'insurrection croissait pour ainsi dire d'heure en heure, et que les efforts héroïques de la garde nationale redoublaient avec les dangers, les provinces, sans nouvelles de la capitale, étaient en proie à l'anxiété la plus profonde.

On ne reçoit plus de Paris ni le *Moniteur*, ni les correspondances particulières, ni enfin aucun des journaux qui s'y publient. Que se passe-t-il, disait-on, dans cette région des tempêtes? nous ne pouvons nous empêcher de trembler d'effroi, chaque fois que le silence se fait pour nous, et que l'écho ne vient pas nous attester la tranquillité de notre moderne Babel. Nous nous rappelons alors surtout ces paroles d'un commandant de la garde nationale parisienne, qui disait dans une lettre publiée le 16 juin:

« Tant que les lettres de vos familles ou de vos amis, tant que les feuilles dans lesquelles vous savez pouvoir puiser la vérité vous parviendront, délibérez et prenez conseil avant d'agir.

» Mais si un jour, un seul jour, vous cessiez d'être avertis, si le silence se faisait, si les publications qui prêchent le désordre et le renversement de tout ce que vous voulez conserver vous arrivaient seules, quelques nouvelles qu'elles vous apportassent, vous n'hésiterez pas un moment, prenez vos armes, partez, et tout ce qu'il y aura d'hommes dévoués à la patrie saura triompher avec vous des séditieux et des traîtres.... »

Les insurgés ont profité de la nuit pour élever de formidables barricades sur plusieurs points de Paris, qui paraissent se relier les unes aux autres comme des fortifications régulières. La ligne stratégique de l'insurrection s'étend ainsi des hauteurs de la Chaussée d'Antin à la Bastille et au Panthéon.

Le tocsin n'a pas cessé de sonner pendant toute la nuit.

— Le bureau de l'Assemblée nationale a été en permanence toute la nuit. Tous les représentans étaient convoqués pour le matin.

— La garde nationale mobile, la troupe de ligne, des régiments de lanciers et de cuirassiers campent sur les boulevards et dans les principales rues. Le palais de l'Assemblée est occupé militairement.

— Plusieurs barricades qui ont été faites pendant la nuit, rue du Temple, résistent encore et soutiennent les efforts de la garde mobile par un feu soutenu. On ne peut se faire une idée de la continuité de feux et du courage déplorable des insurgés.

— Dès dix heures du matin, tout Paris est occupé militairement. Dans la nuit, des troupes sont entrées dans Paris et ont pris position sur les boulevards, les quais, les places, les halles. Les commandants des légions de la garde nationale ont envoyé à domicile requérir les citoyens en état de porter les armes. Dès quatre heures du matin, le rappel a été battu. La 1re légion de la garde nationale, ne consultant que son courage, s'est transportée au chemin de fer du Nord pour enlever les barricades formées dans cet endroit; elle a été accueillie par une vive fusillade partant de ces barricades et d'une maison en construction sans escaliers. 50 hommes ont été mis hors de combat. Les munitions étaient épuisées; la 1re légion résistait encore, lorsque l'artillerie est arrivée, a canonné la maison, et à dix heures la troupe occupait le chemin de fer du Nord.

— On entend à chaque instant des feux de pelotons et des coups de fusils partant de toutes les fenêtres environnant les barricades. Le général Lamoricière est arrivé à deux heures et à paru étonné du peu de troupes qu'il y avait dans le quartier du faubourg du Temple. Après s'être exprimé énergiquement contre le sort des prisonniers que l'on faisait et après avoir dit : Faites-en ce que vous voudrez, il a ajouté : Au surplus, le conseil de guerre les fera fusiller dans les 24 heures si vous ne leur faites pas justice vous-mêmes. Le corps-de-garde en face le Gymnase est plein de prisonniers qui sont aux fenêtres; à chaque instant les gardes nationaux menacent de les fusiller.

Les boulevards sont interceptés sur toute la ligne. On ne peut circuler qu'en uniforme. L'ordre est donné de fermer toutes les fenêtres, et ce sont des menaces continuelles contre les récalcitrants. Beaucoup de représentants, avec leurs insignes, circulent sur les boulevards et encouragent les troupes à soutenir vaillamment la République démocratique. A deux heures, Victor Hugo, en costume de représentant du peuple, s'est présenté rue du Temple, à la tête d'un peloton de garde républicaine, et s'est avancé sur les barricades. On ne peut se faire une idée de la consternation qui règne dans Paris; tout le monde parle de l'état de siége, et tout fait présumer que la ville restera plusieurs jours dans cette triste situation.

A onze heures, on ne peut plus communiquer de la rive droite à la rive gauche de la Seine; tous les quais et les ponts sont occupés par la garde nationale. Les cuirassiers, qui viennent d'arriver, font des charges au grand galop dans la rue des Saints-Pères et le faubourg Saint-Germain. Les canons et les caissons passent sur le quai des Tuileries et vont à l'Hôtel-de-Ville. Il n'est plus possible de circuler dans Paris : à tout moment, on est barré par la force publique où les barricades. Des mesures formidables sont prises autour du Luxembourg et de la Banque de France. Les 2e et 11e légions de la garde nationale ont beaucoup souffert. Vers une heure, la fusillade et le canon semblent se rapprocher du Louvre, et le bruit court que l'Hôtel-de-Ville a été pris. A midi, on braque le canon rue de Rohan, sur le Carrousel, dans l'axe de la rue de Richelieu. Le Palais-National est fermé. En même-temps, on se bat à toutes les barrières de Paris, notamment aux Batignolles, à Montmartre, à la

Villette et à La Chapelle. Ces deux derniers villages, entièrement barricadés et à la disposition des insurgés, sont, dit-on, ménagés pour leur retraite, le cas échéant.

Le gouvernement appelle de tous côtés des régiments pour former une armée formidable. On fabrique du fulmi-coton en masse, notamment dans le faubourg Saint-Jacques et le Marais, où les matières premières abondent. Un garde national qui arrive rue Montmartre, à 3 heures, venant de la rue Saint-Jacques, assure que toutes les barricades sont prises jusqu'au n° 83.

Les représentans du peuple parcourent les rues, annonçant aux gardes nationaux qui forment la haie la démission des membres de la commission exécutive. Cette nouvelle est accueillie par les cris de : *Vive la République !* — La ville est en état de siége. Le général Cavaignac est chargé du gouvernement de la place avec des pouvoirs illimités. De nombreuses arrestations ont lieu à chaque instant : ce sont principalement des orateurs en plein vent excitant par leurs discours les ouvriers paisibles à venger la mort de leurs frères sur la garde nationale.

Trois représentans sont venus annoncer à toutes les légions sous les armes l'adoption par l'Etat des veuves et orphelins des gardes nationaux qui ont succombé ou succomberaient dans ces fatales journées. Cette communication officielle a été accueillie par les cris mille fois répétés de *Vive la République ! Vive l'Assemblée nationale !*

—De nombreuses arrestations ont lieu partout ; des meneurs excitent les blouses à se porter au quartier Saint-Jacques, où existent de nombreuses barricades. On s'attache à ce côté. Parmi les individus arrêtés se trouvent des émisssaires porteurs d'ordres d'attaquer sur différens points. Toutes les boutiques sont fermées, la consternation règne dans Paris ; cependant on ne doute pas du succès et l'on compte sur le général Cavaignac. Le nombre des morts de la garde nationale et de la ligne sont considérable. C'est la 7ᵉ compagnie du 2ᵒ bataillon, 2ᵉ légion, qui a le plus souffert à l'attaque de la barricade de la rue Saint-Denis et du chemin du Nord. A dix heures, le général Cavaignac se met à la tête d'un escadron de cuirassiers pour détruire des barricades formées dans le faubourg Saint-Denis.

Les gardes nationales des départements de Seine-et-

Oise , de la Somme , de Seine-et-Marne et du Loiret doivent arriver ce matin à Paris. La garde nationale de Versailles est déjà arrivée. On attend également un grand nombre de régiments campés à peu de distance de Paris.

Journée du 25 juin.

La lutte dure encore, elle ne sera peut-être pas terminée ce soir ; elle fera encore verser du sang., mais le résultat n'est plus douteux.

Nous devons rendre un éclatant hommage à l'intelligence et à l'énergie avec lesquelles le général Cavaignac a attaqué l'insurrection. Il a sauvé Paris.

Parmi les officiers-généraux qui ont été blessés hier soir à l'attaque de l'une des barricades du faubourg Poissonnière , il faut citer le brave général Lafontaine , qui a reçu une balle dans la jambe.

La soirée s'est passée assez tranquillement ; la surveillance de la garde nationale a duré toute la nuit ; les fenêtres étaient éclairées dans toutes les rues , et de cinq minutes en cinq minutes les sentinelles placées à quelques pas de distance les unes des autres se répétaient le cri de : *Sentinelles, prenez garde à vous !* L'ordre a ainsi été maintenu pendant toute la nuit , et ce matin à cinq heures le rappel a été battu.

L'insurrection se trouvait concentrée dans les faubourgs du Temple , Saint-Antoine , Saint-Denis et Poissonnière et dans les quartiers du Temple et Saint-Martin.

Ce matin, l'attaque a recommencé contre tous ces points, et elle a été poursuivie avec une grande énergie.

Le quartier du Temple a pu être balayé, mais les insurgés qui l'occupaient se sont retirés dans le faubourg de ce nom et ont rejoint les émeutiers retranchés à la Vilette et à La Chapelle.

La barricade Poissonnière a été prise aujourd'hui. Voici les détails que nous pouvons donner comme certains : A l'extrémité du faubourg Poissonnière, il y a un vaste chantier de pierres de taille destinées à la construction de l'hospice ; les insurgés ont roulé ces pierres en dehors du mur d'enceinte, et ils ont élevé derrière la barrière même

un mur haut de 12 mètres , et qui , par son épaisseur ,
semblait à l'épreuve du canon ; puis ils se sont emparés
de la maison de l'octroi , dans laquelle ils ont percé des
ouvertures qui leur servaient de meurtrières. Leur position
était ainsi très forte.

Aujourd'hui , vers deux heures , on s'est décidé à dé-
busquer les insurgés. Pour y parvenir , les troupes sont
entrées dans quelques-unes des maisons voisines , d'où
elles ont pu dominer l'asile où s'étaient retranchés les
émeutiers , qui , en butte à un feu qui les enveloppait de
toutes parts , ont fini par se rendre ; ils ont été conduits à
la caserne Poissonnière.

On cite à ce sujet un fait qui prouve mieux que toutes
les paroles l'énergie barbare avec laquelle les insurgés se
sont défendus ; dès hier soir , la dernière maison du faubourg avait été occupée par des troupes et des gardes nationaux ; pour faire cesser ce feu qui les inquiétait , les
insurgés ont essayé d'incendier la maison d'où il partait.

A cet effet , ils ont pris une pompe pour lancer de l'es-
sence sur le toit de cette maison , et mettre le feu à cette
maison inflammable. On ajoute que la pompe qui a été
prise a été conduite à la mairie du 3e arrondissement.

Dans ce combat , les gardes nationaux de Rouen ont
fait preuve d'un admirable courage.

A quelques pas de là , les barricades élevées à la barrière
Rochechouart ont été enlevées; la garde nationale d'Amiens
s'est distinguée à cette attaque.

Vers huit heures , la position occupée par les insurgés à
la barrière Poissonnière et sur le boulevard extérieur était
enlevée , et les troupes étaient maîtresses de toutes ces
hauteurs , qui ont été confiées à la garde nationale. Les
pièces de canon qui avaient été dirigées sur ce point viennent d'être ramenées dans l'intérieur de Paris sous la protection d'une compagnie de cuirassiers.

Dans la journée un combat assez grave s'est engagé
dans le bas du faubourg du Temple. Les insurgés avaient
arboré le drapeau noir. On annonce que le colonel du 48e
de ligne a été tué près du Château-d'Eau.

—A la place Maubert , un coup de fusil a été tiré d'une
fenêtre sur la garde républicaine qui se trouvait sur la
place ; ces militaires sont montés immédiatement dans la
maison. Le *Moniteur du soir* dit que l'individu qui avait tiré
a été découvert et fusillé sur-le-champ.

— Les insurgés restent retranchés dans le faubourg Saint-Antoine, où ils n'avaient point encore été sérieusement attaqués. Une barricade très-forte avait été dressée sur la place de la Bastille ; on l'attaque vigoureusement vers deux heures. Des canons sont braqués sur ce point, et la canonnade dure long-temps. Les troupes enlèvent plusieurs barricades et se sont en partie rendues maîtresses de la rue du Faubourg ; mais ce succès a coûté bien cher : le Général Négrier, représentant du peuple et questeur de l'Assemblée nationale, a été tué ; un autre représentant, M. Charbonnel, a été blessé, dit-on, mortellement. L'attaque recommencera demain sur ce point, le seul où les insurgés paraissent encore en force.

— Une femme, arrêtée, avouait avec une horrible franchise qu'elle avait tranché la tête à trois gardes mobiles. Sur plusieurs barricades, des têtes coupées et coiffées de képis avaient été placées comme des épouvantails. Enfin, une tête, dans la bouche de laquelle on avait coulé de la poix et mis une mèche, a été plantée sur une pique. Cet horrible fanal a été allumé, et les misérables qui avaient commis cette effroyable barbarie chantaient autour de ce hideux trophée : *Des lampions ! des lampions !*

— Le drapeau sur lequel les insurgés avaient écrit : *Vainqueurs, le pillage ; vaincus, l'incendie*, a été remis à la commission d'enquête.

— Nous ne pouvons nous empêcher de citer les traits de bravoure dont deux jeunes gardes mobiles ont fait preuve.

Le jeune Martin (Hyacinthe), âgé de dix-huit ans, garde mobile du 13ᵉ bataillon, a enlevé, au milieu d'une grêle de balles, un drapeau que les insurgés avaient planté sur la barricade de la rue Ménilmontant.

Le général Lamoricière a envoyé ce jeune homme, on peut dire cet enfant à l'Assemblée nationale ; Martin a été ensuite présenté au général Cavaignac qui l'a embrassé avec effusion, et, arrachant de la boutonnière du colonel Charras la croix de la Légion-d'Honneur, l'a décoré de sa main, en lui disant : TU L'AS BIEN GAGNÉE.

Martin s'est écrié : Oh ! comme mon père va être content ! Il pleurait de joie, et ceux qui assistaient à cette scène touchante avaient eux-mêmes les yeux baignés de larmes.

Un autre jeune soldat de la garde mobile a été, en même temps que Martin, décoré de la Légion - d'Honneur pour sa conduite. Des gardes nationaux nous apportent la lettre suivante qu'il a écrite à sa mère pendant qu'un chirurgien pansait la blessure qu'il a reçue au genou :

« Ma chère mère,

» Peux-tu croire à l'heureuse nouvelle, toi qui me traitais de mauvais soldat. Eh bien ! je t'apprends que je suis aujourd'hui décoré de la Légion-d'Honneur, qui m'a été posée sur la poitrine par le général Cavaignac, pour avoir pris un drapeau de l'ennemi à la barricade du faubourg Saint-Denis, à la Chapelle.

» Ainsi ce brave camarade garde national, qui te remet la présente, est chargé par moi de t'embrasser, en attendant que je puisse le faire moi-même, ou que tu apprennes que tu n'as plus de fils. Ainsi, je compte aller te voir demain au plus tard. J'irais bien ce soir ; mais nous sommes encore en travaux utiles. Quant aux blessures, je n'ai que le genou très-peu fracassé ; mais c'est si peu de chose que j'hésitais à te le faire savoir.

» Je t'embrasse de tout mon cœur, et j'espère aller me promener avec toi et te faire respecter par tout le monde, et je crois qu'il sera honorable pour toi de te voir à mon bras, et que l'on me rendra les honneurs dus à un vieux soldat d'Afrique.

» Ton fils tout dévoué,

» Amédée Lecornu,
» Chevalier de la Légion-d'Honneur. »

—À l'attaque des barricades construites rue Rochechouart, le nommé Laroche, rédacteur du *Père Duchêne*, et auteur du projet de banquet à 25 centimes, a été tué parmi les insurgés. Il s'était réfugié dans une cave, où il a été frappé de deux balles, l'une au cœur, l'autre à la tête.

Des prisonniers en grand nombre ont été conduits des Tuileries à la rue de Tournon par la garde nationale à cheval. Un des hommes arrêtés ayant tenté de s'échapper a été frappé d'un coup de baïonnette ; on l'a porté jusqu'à la caserne Tournon ; il poussait des cris horribles et cherchait à exciter ses complices à se jeter sur la garde nationale.

— La quantité d'or qui a été trouvée sur des insurgés est considérable. Ce matin, on a trouvé sur un individu, qui avait été arrêté sur les barricades, une caisse remplie de pièces d'or. Il pouvait y en avoir pour 7 à 8,000 fr. On dit qu'un jeune homme, qui a été arrêté sur les barricades, a fait quelques révélations. Il aurait avoué que tous les ouvriers des ateliers nationaux recevaient 25 fr. et les brigadiers 50 fr. par jour pour se battre.

— Du côté des insurgés, la défense est toujours résolue, moins hier toutefoi. Les précautions les plus grandes ont été prises pour que les intelligences qu'ils pouvaient avoir avec la ville fussent interrompues. Ces précautions ont amené la découverte de plusieurs faits assez bizarres. Ainsi , dans la rue du Helder et dans le quartier Notre-Dame-de-Lorette, on a arrêté des femmes portant des paniers remplis de pain qui contenaient des cartouches , un *faux blessé* couché sur un matelas dans lequel il y avait des munitions de guerre ; plusieurs corbillards ont été saisis qui contenaient aussi de la poudre et des balles.

La garde nationale d'Orléans a arrêté au poste du Carroussel , au bout de la rue de Rivoli , une laitière dont les pots et les bouteilles étaient pleins de poudre.

Tous les subterfuges ont été employés par les insurgés pour le transport de leurs munitions. On a arrêté deux hommes qui portaient un brancard recouvert de matelas et de couvertures. Comme le poids du brancard paraissait fatiguer outre-mesure les porteurs, on a visité la charge et trouvé entre les matelas un nombre considérable de cartouches.

On a découvert un cercueil rempli également de cartouches, et que des individus portaient sur une civière.

On a arrêté, dans la nuit du dimanche au lundi, une femme assez bien mise qui paraissait sur le point d'accoucher. Elle a été fouillée et sa grossesse n'était autre chose que des cartouches.

A la barrière Courcelle , une femme en tenue du matin, portant sous son bras un pain de six livres et voulant traverser dans un rang de factionnaires , en fût empêchée par ceux-ci , qui avaient la consigne de ne laisser passer personne. Cette femme se récria , disant que ses enfants n'avaient pas mangé depuis la veille, vu qu'elle n'avait pu avoir de pain chez les boulangers : un des factionnaires à qui la tenue et le langage de cette femme avaient inspiré quelque doute , s'empara du pain qu'e le portait, et qui, à sa grande surprise, pesait cinq fois plus qu'il ne devait peser : il était rempli de cartouches. Inutile de dire que cette femme fût immédiatement mise entre les mains de l'autorité.

Un individu a été , dit-on , arrêté dans un cabriolet qui contenait plusieurs milliers de cartouches. Cet individu portait les insignes de représentant du peuple et se disait chargé d'une mission pour l'état-major. On prétend avoir reconnu le citoyen de Flotte.

— La barricade du clos Siant-Lazare , à la barrière Saint-Denis , est le théâtre d'une lutte acharnée. Un bataillon de ligne avait été forcé de se replier devant la mitraille ; après avoir fait des efforts inouïs pour s'emparer de cette forteresse , lorsque les gardes nationales de Pontoise et de Montmorency s'élancèrent au pas de charge. Elles furent accueillies par un feu tellement meurtrier qu'elles se débandèrent ; beaucoup de gardes nationaux ont été tués ; d'autres, blessés plus ou moins grièvement, descendirent les rues du faubourg Saint Denis ; mais la plupart, épuisés par la perte de leur sang, tombèrent sur les portes. Ils ont été recueillis par les habitans qui se sont empressés de leur donner les premiers soins. On les a transportés ensuite à la prison Saint-Lazare, tranformée depuis deux jours en ambulance.

— Entre six et sept heures du matin, une vive fusillade s'est engagée à l'embouchure de la rue Galande qui donne sur la place Maubert. Une formidable barricade, élevée sur ce point, y était attaquée avec le plus vif acharnement par les troupes de ligne, et défendue avec désespoir par les insurgés.

A une heure le combat durait encore. Un lieutenant, voulant arrêter l'effusion du sang, s'est présenté pour parlementer ; les insurgés l'ont laissé approcher et l'ont retenu prisonnier. Le combat a recommencé.

Un officier de la garde républicaine a été la première victime. Il est tombé à l'instant, frappé d'une balle en pleine poitrine.

La garde mobile est montée à l'assaut avec un héroïsme que nous ne saurions trop admirer ; mais chaque décharge les décimait. Vingt fois ils ont escaladé la forteresse de pierres, vingt fois ils l'ont abandonnée.

La compagnie qui a pris part à cette attaque était composée de près de 158 hommes : un seul est, dit-on, sorti vivant du combat, et encore il était blessé.

Le soir, la barricade était encore au pouvoir des insurgés.

La place Maubert était littéralement couverte de sang.

Un chef de bataillon, un autre officier supérieur et un capitaine ont été tués sur cette place.

— *3 heures moins 1/4.* — Un représentant du peuple, M. Lucien Murat, traverse au galop les boulevards, se dirigeant vers l'Assemblée, et annonçant sur son passage, aux gardes nationaux, que 400 nouveaux prisonniers ont été faits au clos Saint-Lazare, et qu'on a saisi un dépôt très considérable de fusils.

— A quatre heures, on proclame au son du tambour un arrêté du général Cavaignac ordonnant le désarmement immédiat de tous les gardes nationaux qui n'ont pas pris les armes pour la défense de l'ordre.

— Un grand nombre de représentans se sont rendus sur différents points pour encourager, par leur présence, les efforts de la garde nationale et de l'armée. Ils ont été reçus partout avec enthousiasme.

—Craignant avec quelque raison que les gardes nationales de province ne fussent victimes de leur ardeur et de leur ignorance des lieux en arrivant à Paris, le général Cavaignac avait envoyé aux barrières de la capitale et aux chemins de fer l'ordre de retenir ces précieux auxiliaires, et de ne les laisser entrer dans Paris que par colonnes de 1,000 à 1,200, précaution d'autant plus utile que beaucoup de ces volontaires n'avaient pas de cartouches.

—Tandis que le canon renversait les barricades, la sape ouvrait un chemin à travers les maisons, et permettait aux troupes d'arriver jusque sur les insurgés, ou de les prendre à revers, et souvent de tourner contre eux-mêmes leurs propres barricades. Cette marche, en ralentissant les succès, les rendait plus sûrs et quelquefois moins sanglans.

— Le cœur se serre en voyant dans Paris toutes les femmes occupées à faire de la charpie pour les malheureux blessés dans ces jours d'horrible lutte. Hier, des citoyens parcouraient les rues en demandant du linge pour panser les blessés.

— Un très-grand nombre d'individus saisis les armes à la main ou porteurs de cartouches ont été incarcérés. Tous ont été fouillés, soit au moment de leur arrestation, soit à leur arrivée à la préfecture de police. Sur plusieurs d'entre eux on a trouvé d'importantes sommes d'argent dont l'origine n'a pu être justifiée d'une manière satisfaisante, et les investigations sévères auxquelles procède le procureur-général près la cour d'appel ont fait recueillir des documens qui autorisent à penser que ces sommes ont été fournies à ces inculpés par des fauteurs de désordre. C'est une nouvelle preuve que les déplorables événemens qui ensanglantent la capitale sont l'œuvre de machinations dont les traces sont déjà manifestes et dont il est permis d'espérer que l'ensemble n'échappera pas à la justice.

— Enfin, après une lutte acharnée, où beaucoup de sang fut répandu, l'insurrection est vaincue au clos Saint-Lazare. La garde nationale et l'armée triomphent de même dans la rue Saint-Antoine ; après avoir enlevé successivement toutes les barricades qui l'emcombraient, les troupes font, sur la place de la Bastille, leur jonction avec la colonne qui , par les boulevards et à travers les mêmes obstacles , parvenait au même point

De nombreuses arrestations ont lieu de nouveau.

Les prisonniers qu'on arrêtait hier parmi les insurgés acceptaient assez gaîment leur captivité , convaincus que bientôt ils seraient délivrés. Ceux que l'on conduisait aujourd'hui aux différens postes étaient , au contraire , consternés.—— Eh ! quoi , disaient-ils , nous sommes vaincus. Est-ce possible ? Que s'est-il donc passé , et comment êtes-vous les maîtres ?

—On calcule qu'il y avait 4,000 insurgés au Panthéon , 6,000 à l'Hôtel-de Ville , 20.000 au faubourg St.-Antoine; en tout environ 45 à 50,000 hommes. Beaucoup de leurs compagnies étaient commandées par des individus portant le costume d'officiers de la garde nationale.

Toutes ces bandes agissaient avec un ensemble étonnant ; l'entente de leurs mouvemens, la construction de leurs barricades , l'ordre et la combinaison de leurs mesures stratégiques frappent de surprise les militaires les plus expérimentés. Avec une telle direction , avec les immenses ressources qu'ils possédaient en munitions de toute sorte, on comprend qu'ils se soient crus si sûrs de la victoire , et l'on ne comprend que trop quels combats acharnés il a fallu soutenir pour les vaincre.

—L'autorité tient les premiers fils de l'horrible complot du 23 juin. Mercredi dernier , les délégués de la commission dite du Luxembourg , et ceux des ateliers nationaux , ont eu une conférence au Jardin-des-Plantes. Ils avaient jusque là été divisés d'opinion . ils se sont rapprochés et entendus, et ont pris rendez-vous pour le lendemain jeudi, sur la place du Panthéon. Là , ils se sont trouvé 1,200 qui , d'accord sur l'opportunité d'un mouvement , se sont divisés en trois bandes , lesquelles ont parcouru les divers quartiers de Paris pour appeler aux armes. La lutte a dû commencer , parce que le mot d'ordre avait été donné partout.

—Dans cette journée où la république parvint à refouler l'insurrection sur presque tous les points , au Clos Saint-Lazare , à la Bastille et sur la rive gauche de la Seine, des pertes à jamais regrettables ont eu lieu. Jamais peut-être aucune bataille n'a coûté à la France tant d'officiers

Le brave général Négrier a été victime de son intrépidité. Debout sur une barricade , il a reçu une balle au front. En tombant, il a tendu la main à ceux qui l'entouraient et leur a dit d'une voix mourante : Adieu, je meurs en soldat.

Nulle part peut-être, ce douloureux évènement ne causa une impression plus profonde que dans le département du Nord. Voici ce que nous lisons dans un journal de Lille, qui rend au général Négrier un dernier hommage :

« La déplorable nouvelle à laquelle nous ne voulions pas croire hier, n'est que trop vraie. Le digne général Négrier est mort, frappé d'une balle au cœur, frappé d'une balle française, lui que le feu des Anglais et des Arabes avait si souvent épargné sur les champs de bataille; il est tombé au moment où, en sa double qualité de général et de représentant du peuple, il enlevait courageusement une barricade.

Notre brave ami Lebrun, son aide-de-camp, a reçu dans ses bras le général qui avait pour lui la tendresse d'un père.

Cette perte cruelle, qui attriste l'Assemblée Nationale, qui attriste le pays tout entier, a plongé dans la stupeur notre population lilloise, si fière de son général, si fière de son représentant.

Négrier avait voué l'affection la plus vive à notre ville qui l'avait adopté, qui en avait fait un de ses enfants, qui lui avait décerné, en l'envoyant à l'Assemblée Nationale, l'honneur le plus grand auquel il eût jamais osé prétendre.

C'était à la mort qu'on envoyait notre digne général !!! Négrier avait pressenti les périls qui l'attendaient. Il n'en était que plus heureux de sa mission; car ce n'était point une ambition vulgaire qui l'excitait, c'était la conscience d'un grand devoir à remplir.

Il n'y a pas failli.

Laissons le remords au cœur des hommes qui, dans la lutte électorale, et depuis, ont pu méconnaître un si noble adversaire, et sachons honorer dignement la mémoire du soldat de l'empire et de l'homme d'Afrique, du commandant de notre division militaire, du représentant du peuple...

Nous croyons être les interprètes de la cité lilloise tout entière, en demandant qu'un monument public soit érigé à la gloire du général Négrier.

Nous savons qu'un buste du général existe, sorti du ciseau ami de M. Bra, qui sera élevé sur une de nos places, qui portera désormais le nom de Négrier !

Citoyens de Lille, qui voulons tous la vraie République, si heureusement définie par Cavaignac, hâtons-nous de rendre hommage à celui qui mourut si bravement pour elle. »

— Un des gardiens surveillants de la chambre des représentants, placé par le général Négrier, a quitté l'Assemblée à la nouvelle de la mort de son protecteur, dans le but de le venger. Hier, il a été ramené avec un drapeau qu'il avait enlevé au milieu des balles sur la troisième barricade du faubourg Saint-Antoine. Beaumont avait été, en juillet, blessé grièvement, et avait reçu la décoration pour sa conduite.

— Par ordre du général Cavaignac, le corps du général Négrier a été embaumé.

Journée du 26 Juin.

Les barricades existent toujours dans le faubourg Saint-Antoine. L'insurrection est encore maitresse de ce quartier. Voici les détails que donnait heure par heure un écrivain qui, au pied de ces barricades, combattait vaillamment dans les rangs de la garde nationale.

Dix heures du matin.— Nous avons passé une nuit fort agitée, l'arme au bras, au milieu de la ligne, de la garde mobile, de l'artillerie, des dragons et de tous les corps du génie dont la mission était de miner les barricades et les maisons ayant donné refuge aux insurgés. L'insurrection est à peu près concentrée dans le faubourg Saint-Antoine, mais elle est cernée de tous les côtés et il y a tout lieu de croire qu'avant midi il y aura un bombardement général de toutes les barricades.

Dix heures et demie.—50 dragons prisonniers, renfermés dans une cour avec leurs chevaux, viennent d'être délivrés et renvoyés à leurs quartiers pour y chercher des armes ; la plupart sont blessés et n'ont reçu aucun secours. C'est grâce à l'intervention de quelques habitans que les soldats ont été épargnés, beaucoup ont été impitoyablement massacrés. 5 à 6000 fusils viennent de tomber entre nos mains avec quantité de munitions que les insurgés n'ont pu enlever. Le général Lamoricière parcourt nos rangs et n'accepte pas la capitulation qu'on lui propose. Cette capitulation consiste à sortir la crosse en l'air et à entrer dans les rangs de la garde nationale; on leur répond : *il est trop tard !* Il faut vous dire que sur 30,000 hommes dont se compose la légion du faubourg Saint-Antoine, 12,000 environ ont pris les armes avec l'insurrection. L'artillerie arrive de tous côtés avec des caissons chargés de munitions.

Midi.— Assaut général.

Parmi les nombreux prisonniers que nous avons faits, nous remarquons cette femme sanguinaire qui coupait, hier encore, les têtes des gardes mobiles, deux capitaines de la garde nationale dont l'un est décoré, deux officiers de l'ex-garde municipale et 200 misérables que les bagnes auraient honte de recevoir, attendu leur aspect repoussant. Sur 28 cadavres dépouillés de leurs vêtemens, onze sont marqués sur l'épaule des initiales T. F.

Midi et demi. J'APPRENDS A L'INSTANT QUE LE FAU-

BOURG ST.-ANTOINE A CAPITULÉ SANS AUCUNE CONDITION APRÈS LA REPRISE DES HOSTILITÉS.

En même temps que le bruit de cette victoire, qui donnait le présage d'une pacification très prochaine, on rapportait avec effroi des faits d'une révoltante atrocité, que, pour l'honneu· de l'humanité, nous voudrions croire inexacts. Les voici tels qu'ils ont été rapportés :

On assure qu'un bataillon entier a péri après l'enlèvement de la barricade St.-Séverin, par suite de la cruauté des habitans du quartier, qui répandaient à flots sur les soldats de l'huile et de l'eau bouillante.

Les environs de la barrière Rochechouart ont été arrosés d'huile, à laquelle on devait mettre le feu à l'aide d'une bombe inflammable qui a été trouvée au milieu de la barricade.

A cette même barrière Rochechouart, des citoyens soupçonnés d'être hostiles au mouvement ont été arrêtés et ont été horriblement mutilés par des femmes, à l'aide d'un rasoir. Ces scènes de cruauté et de vandalisme, mille fois plus odieuses que l'anthropophagie, rappellent d'une manière sinistre les exécrables mutilations dont les Suisses ont été l'objet en 93 ; la plupart des balles des insurgés sont mâchées ou hachées.

—L'arrestation de la sœur de Blanqui a été signalée par une circonstance assez curieuse La consigne sévèrement exécutée à l'égard de tout le monde, ne permettait pas qu'elle pût passer les diverses lignes des postes militaires. Cependant elle croit devoir insister, et même elle s'élança au pas de course sur une barricade dont les insurgés avaient été débusqués, en s'écriant, avec un jurement épouvantable : je passerai, et déjà elle avait escaladé la barricade, lorsqu'elle fut arrêtée et trouvée nantie de munitions qu'elle portait aux insurgés. Conduite à son domicile, il a présenté l'aspect d'un véritable arsenal ; elle était, du reste, vêtue avec une certaine élégance.

Deux heures et demie. — Les boulevards sont libres maintenant jusqu'à la Bastille, ils sont occupés par de nombreux postes de gardes nationaux, de cuirassiers et de l'artillerie. La rue et le faubourg du Temple sont entièrement libres, le faubourg jusqu'au-delà du canal a été le siège d'une bien triste défense qui n'a pu être terminée que ce matin ; les maisons qui avoisinent le pont du canal ont été criblées de balles et de boulets ; on voit encore dans la rue des ballots de laine dont se servaient les assiégeants pour attaquer les barricades. Le boulevard Baumarchais jusqu'à la Bastille présente les traces d'une bataille achevée ; on voit les entre-deux de croisées de maison entièrement démolis par le canon ; les barricades de la rue Pont-aux-Choux , des Filles-du-Calvaire laissent voir des préparatifs de défense qui sont formidables. Avant la Bastille , à l'extrémité du boulevard , on voit une barricade formée avec des voitures de pierres de taille toutes chargées. La place de la Bastille est occupée par l'artillerie, la garde nationale , la garde mobile ; des représentants du peuple arrivent à chaque instant s'informer des nouvelles. On n'entend plus un coup de fusil. Nous avons vu la maison incendiée qui fait le coin de la rue de la Charonne s'écrouler avec un fracas épouvantable. La rue du Faubourg Saint-Antoine est libre jusqu'à la barrière du Trône ; l'on est en train de démolir toutes les barricades qui sont encore debout.

— Enfin après trois jours du plus rude combat , la lutte si vaillamment soutenue par la garde nationale et l'armée touche à sa fin. Mais il reste des mesures à prendre pour empêcher le retour de pareils événements ; il reste à constater les déplorables désastres laissés derrière elle par l'insurrection vaincue.

—Une commission militaire est en permanence au rez-de-chaussée du château des Tuileries ; elle est composée de juges-d'instruction , de capitaines d'état-major et de la ligne. M. le commandant Courtois - d'Hurbal , quoique blessé à la prise de l'une des barricades de la porte Saint-Denis , assiste au conseil : plus de 1800 hommes ont déjà été conduits dans le caveau des Tuileries ; 300 ont été interrogés ; on établit trois catégories : ceux qui avouent leur participation à la lutte terrible qui vient d'ensanglanter Paris et contre lesquels s'élèvent des charges graves ; la 2e comprend ceux qui ont été contraints et forcés , suivant leur dire, par les insurgés de se mêler à eux ; la 3e est composée des personnes qui réclamées par leurs familles , par des représentans du peuple , par des maires , ont été indûment arrêtées; parmi ces derniers 43 déjà ont été mis en liberté. Dès que les prisonniers ont été interrogés, ils sont conduits dans les diverses prisons de la capitale et dans les forts par des détachements de la garde nationale et par des escadrons de la garde à cheval. Presque tous étaient porteurs de pièces d'or et plusieurs ont répondu aux interrogations : « Il fallait bien que nous gagnions l'argent qui nous avait été donné. » Aucun d'eux n'a voulu livrer encore les noms des infâmes instigateurs de ce terrible complot.

—Le chiffre des barricades élevées par les insurgés dans 9 des 12 arrondissements de Paris est de 3,883.

— Le président a proposé à l'Assemblée nationale un projet de décret ayant pour objet de prononcer la peine de la déportation contre tous les individus saisis les armes à la main.

Voici les termes de l'ensemble de ce décret adopté par l'Assemblée nationale à une heure assez avancée de la nuit :

Art. 1. Seront transportés, par mesure de sûreté générale, dans les possessions françaises d'outre-mer, autres que celles de la Méditerranée, les individus actuellement détenus qui seront reconnus avoir pris part à l'insurrection du 23 juin et jours suivants.

Art. 2. Les femmes et les enfants des individus ainsi transportés hors du territoire, pourront suivre leurs parents s'ils le désirent.

Art. 3. L'instruction commencée devant le conseil de guerre suivra son cours, nonobstant la levée de l'état de siége, en ce qui concerne ceux que cette instruction désignerait comme chefs, fauteurs ou instigateurs de l'insurrection, comme ayant fourni ou distribué de l'argent, des armes ou munitions de guerre, exercé un commandement ou commis quelqu'acte aggravant leur rebellion. Il en sera de même à l'égard des forçats ou des réclusionnaires libérés ou évadés qui auront pris part à l'insurrection.

Art 4. Un décret de l'Assemblée nationale déterminera le régime spécial auquel seront soumis les individus transportés.

Art. 5. Le pouvoir exécutif est chargé de procéder sans délai à l'exécution du présent décret.

On dit que des ordres ont été envoyés pour armer une frégate et deux corvettes de charge, afin de transporter les insurgés prisonniers au lieu de leur déportation.

— Dans les cours de la Conciergerie, étaient parqués 1500 insurgés, mornes, silencieux, persuadés qu'ils allaient être mitraillés. Ils ne répondaient pas à l'appel de leurs noms. Une fois arrivés devant le tribunal, ils déclaraient qu'ils n'avaient rien fait ; à les entendre, ils étaient complètement innocents.

— On annonce que la mortalité des blessés de la force publique est excessive : ceux qui ont été transportés à l'Hôtel - Dieu succombent sans exception. Les balles extraites ne permettent pas d'espérer de nombreuses guérisons ; en effet, les balles faites de plomb sont percées d'un trou dans lequel est passé un clou dont les deux extrémités font saillie : puis par un excès inouï de cruauté, elles sont recouvertes d'un morceau de drap enduit d'arsenic.

—Voici le chiffre des blessés recueillis dans les hôpitaux : il y a en ce moment à la Charité 120 blessés, au Val-de-Grâce 190, à l'Hôtel-Dieu 400 ; dans cet hôpital, il en est arrivé un bien plus grand nombre, mais beaucoup ont succombé dans les premières heures. On compte 90 blessés à l'hospice Dubois, 78 à la Clinique, 63 à Saint-Lazare, 500 à l'hôpital Saint-Louis. Le général Damesme, qui est au Val-de-Grâce, a été amputé de la cuisse à la partie supérieure. L'opération, bien que très-grave, présente des chances de succès ; la fièvre cependant a été très-violente la nuit dernière. Le général Lafontaine est rue de Richelieu, n° 69, à l'hôtel d'Espagne. Nous avons vu aujourd'hui son médecin, M' Delille, qui répond de sa guérison.

— Dans cette guerre de cannibales que la sauvagerie vient de livrer à la civilisation, les moyens les plus infâmes de destruction ont été employés par les insurgés : l'assassinat, la mutilation, l'empoisonnement ont été mis en œuvre par les ennemis de l'ordre social. D'infâmes brigands, parmi lesquels se trouvaient d'horribles furies indignes du nom de femmes, n'ont pas craint de distribuer aux soldats et aux gardes nationaux des cigares et des boissons empoisonnés. On avait mis nos soldats en garde contre ces horribles complots, et il leur était expressément recommandé de ne point accepter l'eau-de-vie et les cigares qu'on leur présentait.

—Paris était pacifié, partout la fusillade avait cessé. On pouvait donc espérer que l'on n'aurait plus de malheurs à déplorer après tous ceux dont on se faisait les uns aux autres le lamentable récit. Il n'en devait pas être ainsi. Dans la nuit du lundi au mardi 27, la cour du Carrousel fut ensanglantée de nouveau. Une horrible catastrophe, au milieu des ténèbres, fut le résultat de la vive fusillade qui s'engagea au hasard entre les nombreux gardes nationaux, tombant victimes les uns des autres, et de leur erreur réciproque.

Vers minuit, un convoi de prisonniers fut extrait de la prison provisoire de la terrasse du bord de l'eau et placé sous la protection d'un détachement de gardes nationales des départements.

Ce convoi, sorti des Tuileries par le guichet du pavillon de Flore, avait traversé le quai, le guichet du Carrousel, et s'était engagé sur la place, lorsque à peu près à la hauteur de la maison connue sous le nom d'hôtel de Nantes, les prisonniers firent un effort pour rompre les rangs de leurs gardiens, et réussirent en deux ou trois endroits.

Au moment où ils s'échappaient, les gardes nationaux de l'escorte se mirent à crier : « Arrêtez ! arrêtez ! » et en même temps firent feu sur les fuyards.

Ces coups de feu, ne pouvant être compris par les nombreux postes établis dans les Tuileries, dans la cour, autour de la place, dans les rues de Rohan, de Rivoli, on crut à une surprise, à une trahison, à une fuite des prisonniers.

Une fusillade générale s'engagea ; les balles se croisèrent dans tous les sens et allèrent faire partout des victimes, dans les rangs des gardes nationaux ainsi que dans ceux des prisonniers.

Après des efforts inouïs, on parvint à éteindre ce feu meurtrier, et quand on put se rendre sur la place, le spectacle le plus douloureux frappa les regards.

M. le général Clément Thomas, bien que souffrant de sa blessure, se leva en hâte, et, appuyé sur le bras d'un officier d'état-major, se jeta au-devant de tous ceux qui faisaient feu , en leur criant de cesser. Il se rendit ensuite sur la place , la parcourut et la fit parcourir dans tous les sens avec des fallots.

On apporta des civières, des matelas ; on releva les morts, les blessés ; un service d'ambulance fut établi avec un zèle admirable , et l'on fit tout ce qu'il était humainement possible de faire pour réparer un si cruel désastre.

Des officiers de l'état-major de la garde nationale ont été blessés , l'un au bras , l'autre au pied ; un adjudant du château a été blessé à la tête. D'autres blessures ont nécessité des amputations.

Parmi les gardes nationaux morts se trouve le chef de bataillon de la garde nationale de Cambrai, M. Durrieu , qui était déjà venu deux fois à Paris, et qui meurt à la fleur de l'âge : des gardes nationaux des départements ont été reconnus ce matin par leurs camarades.

Près de trente prisonniers ont été tués , plusieurs sont très-gravement blessés et laissent peu d'espoir. Les cadavres des morts ont été relevés dans la matinée et emportés hors des Tuileries.

Voici le nombre des blessures ou des morts occasionnées par suite de la méprise de la cour du Carrousel, dans les différents corps. Gardes nationales : blessés, 47; morts, 6. État-major et adjudant du palais : tués , 5. Prisonniers : blessés , 19; tués, 48. Il en a été repris 88. Le nombre total était de 220.

— Parmi les victimes des fatales journées de juin , la France entière s'est attendrie sur l'archevêque de Paris , qui le 25 , au matin, était allé porter des paroles de paix aux insurgés du faubourg St.-Antoine , et avait été frappé d'une balle. La conduite héroïque du vénérable prélat est trop admirable pour qne nous n'en fassions pas connaître tous les détails.

Le dimanche 25, M. l'archevêque de Paris a quitté l'archevêché à cinq heures et demie du matin, se rendant chez le général Cavaignac , pour lui demander s'il lui serait interdit d'aller au milieu des insurgés porter des paroles de paix.

Le général a reçu le prélat avec les démonstrations d'une vive émotion, et lui a répondu qu'il ne pouvait prendre sur lui de donner un conseil en de telles circonstances ; qu'une telle démarche était certainement très périlleuse , mais qu'en tous cas lui-même ne pourrait qu'en être reconnaissant, et qu'il ne doutait pas que la population de Paris n'en fut aussi vivement émue.

M. l'archevêque a annoncé aussitôt que sa résolution était prise. Il est rentré rapidement à l'archevêché, a pris quelques dispositions personnelles , et vers huit heures il se présentait au pied de la colonne de la Bastille.

On a dit par erreur que le prélat avait demandé ou ac=
cepté le secours de plusieurs représentans. M. l'archevêque a bien reçu, il est vrai, plusieurs offres empressés, mais
il les a toutes refusées. Pendant le trajet de l'archevêché à
la Bastille , il s'entretenait avec une extrême sérénité de
textes saints. Les deux grands vicaires seuls l'accompa-
gnaient.

L'autorité militaire a fait cesser le feu. On a cueilli une
branche d'arbre sur le boulevard , et cet insigne de paix a
précédé seul le prélat et les deux ecclésiastique qui étaient
montés ensemble sur la barricade où les insurgés avaient
accueilli quelques instants auparavant un parlementaire
annonçant la démarche de M. l'archevêque.

Le vénérable pasteur leur avait adressé à peine quelques paroles pleines d'onction, lorsqu'un coup de feu est parti
comme au hasard, sans qu'il soit possible de préciser de quel
côté. Ce coup de feu a jeté les insurgés dans une extrême agitation. Une décharge est partie de leurs rangs. La garde nationale
mobile y a répondu avec énergie. La nature de la blessure laisse
supposer que le coup, venu de haut en bas , avait été tiré pro-
bablement d'une fenêtre. Quoiqu'il en soit , M. l'archevêque est
tombé atteint d'une balle dans les reins , et a été relevé par les
insurgés. Bientôt ils l'ont transporté dans leur quartier chez M.
le curé des Quinze-Vingts. Il y a reçu les soins d'un des médecins
des insurgés , et le lendemain matin, lorsque les négociations de
trève ont été entamées , on s'est hâté de déposer le prélat sur un
brancard et de le ramener à l'archevêché. Le trajet de ce convoi
presque funèbre a été l'objet de démonstrations dont aucun
témoin ne pourra perdre le souvenir.

D'heure en heure l'état du vénérable malade s'aggravait.
Il avait reçu les derniers sacrements avant de quitter le faubourg St.-Antoine , craignant de rendre le dernier soupir
dans le trajet. Il avait exigé dès ce soir même , que son
grand-vicaire et son ami, M. l'abbé Jacquemet, lui révélât
la gravité de sa blessure; et aussitôt , sans aucune émotion
de trouble ni de regret de la vie , il en offrait le sacrifice à
Dieu pour la France et pour son avenir. Aucun autre retour
vers les liens de la terre ne s'est échappe de ses lèvres.

Voici un épisode des derniers momens de M. l'archevêque de Paris, que nous rapportons d'après le *Constitu-
tionnel* :

« Pendant la route, il était escorté par des gardes mobiles. La
physionomie d'un de ces courageux enfans l'avait frappé, l'ayant
vu combattre et arracher un sabre à son ennemi , après en avoir
reçu des blessures à la tête.

» Il l'a fait approcher, il avait encore la force de soulever ses
bras ; il a pris une petite croix de bois surmonté d'un crucifix

et suspendue à un collier noir, et l'a remise au jeune héros en lui disant : « *Ne quitte pas cette croix... mets-la sur ton cœur, cela te portera bonheur...* »

» François Delavrignère, c'est le nom du garde, a fait serment, les mains jointes et dans une attitude de prière, de conserver à jamais ce précieux souvenir du vénérable prélat mourant.

» Delavrignère appartient à la 7e compagnie du 4e bataillon. »

—Voici de nouveaux détails sur les circonstances qui ont accompagné la blessure de M. l'archevêque de Paris Ils confirment en grande partie ceux que l'on vient de lire.

« La justice paraît être désormais fixée sur les circonstances de la mort si douloureuse du pieux et héroïque archevêque de Paris. On se rappelle que dans l'après-midi du 25, l'archevêque obtint de l'officier supérieur qui commandait l'attaque de la grande barricade du faubourg Saint-Antoine qu'il fît momentanément cesser le feu de son côté; il s'avançait alors vers les insurgés, accompagné de ses deux grands vicaires, M. Jacquemet et Ravinet; un jeune homme vêtu d'une blouse le précédait, portant à la main une branche d'arbre garnie de ses feuilles vertes, en signe de conciliation. Ce jeune homme, qui n'avait pas quitté un seul moment l'archevêque et qui se trouvait à ses côtés quand il fut frappé, a été appelé par la justice, à laquelle il aurait fait connaître les faits suivants :

» En voyant le prélat et ses deux vicaires s'avancer vers eux, les insurgés avaient immédiatement cessé leur feu, et un assez grand nombre d'entre eux étaient descendus de la barricade pour entendre la voix de celui qui venait, au nom de la fraternité et de la religion, faire cesser l'effusion du sang. Quelques gardes nationaux, quelques soldats dispersés jusqu'alors en tirailleurs, craignant sans doute une tentative contre l'archevêque, qui, durant cette sorte d'armistice, allait se trouver à la discrétion des insurgés, se rapprochèrent à leur tour et vinrent se placer auprès de lui; en ce moment un coup de fusil, parti selon toute probabilité par accident, éclata dans les rangs de la troupe; les insurgés se crurent attaqués, ils ripostèrent vivement et regagnèrent leur barricade.

» L'archevêque pouvait alors se replier du côté des assaillants; mais sa mission ne lui eût pas semblé accomplie, il la voulut poursuivre jusqu'au bout. D'un pas calme, quoiqu'il fût placé entre deux feux, il s'avança vers la barricade, la gravit avec l'aide de ses deux vicaires, dont un, M. Ravinet, eut son chapeau percé de trois balles, et la redescendit de l'autre côté, en suppliant toujours les insurgés de mettre fin à cette lutte homicide. En ce moment, et lorsque, arrivé au niveau de la rue, protégé par la barricade, et ne pouvant plus être atteint par les balles des des assaillants, il parlait aux insurgés, élevant le bras et présentant la poitrine du côté gauche; un coup de fusil, tiré d'une des fenêtres d'une maison occupée par les insurgés, vint le frapper, de haut en bas, un peu au-dessous de l'omoplate du côté droit.

» Le jeune homme, qui tenait toujours son rameau vert élevé, le reçut dans ses bras, ainsi que MM. Jacquemet et Ravinet, et ce fut en ce moment où les insurgés protestaient que ce n'était pas de leurs rangs qu'était partie la balle de l'assassin , que les deux grands vicaires leur délivrèrent une attestation rédigée en ce sens , attestation qu'ils firent signer par les habitants des maisons voisines demeurés étrangers à la lutte , mais qui en avaient été spectateurs.

» Il paraîtrait que celui des insurgés qui avait tiré le coup de fusil s'étant trouvé au nombre des prisonniers faits le lendemain, aurait été , depuis lors , signalé à la justice par d'autres insurgés qui , bien qu'ayant eux-mêmes participé aux horreurs de cette guerre sans nom dont le faubourg Saint-Antoine a été durant trois jours le théâtre, s'efforceraient de repousser toute solidarité dans le crime dont se serait souillé ce misérable assassin.

» L'enquête à laquelle se livre la justice a pour but de constater l'exactitude des déclarations que nous venons de faire connaître. »

La blessure du vénérable prélat devait résister à toutes les ressources de l'art. Le 27 dans la journée, il décéda à l'archevêché ; sa mort fut celle d'un héros et d'un martyr.

M. Denis-Auguste Affre , archevêque de Paris , était né à St.-Rome-de-Tarn, au diocèse de Rodez le 28 septembre 1792. Il fut institué évêque de Pompeïopolis et coadjuteur de Strasbourg le 27 avril 1840 , nommé archevêque de Paris le 26 mai suivant, préconisé le 13 juillet et sacré dans l'église métropolitaine le 6 août de la même année. Il avait été précédemment chanoine de l'église de Paris et vicaire-général du diocèse. Il a vécu cinquante-quatre ans , neuf mois moins un jour, étant mort le 27 juin 1848.

On assure qu'une petite colonne de granit va être élevée à l'entrée du faubourg Saint-Antoine, à l'endroit même où a été frappé Mgr. l'archevêque de Paris , pour conserver le souvenir des affreux malheurs qui résultent nécessairement de la révolte et de la guerre civile.

—A côté de l'héroïque martyr de l'archevêque de Paris, nous devons mentionner le pieux dévouement des sœurs de la charité. On ne peut rien lire de plus touchant que les deux faits suivants, rapportés par le *Bien public* :

« Nous avons toujours éprouvé un sentiment de vénération et de profonde gratitude pour les sœurs de charité , ces nobles et saintes femmes au cœur d'or, qui , déposant par conviction et par dévoûment toutes les timidités, toutes les faiblesses de leur sexe, apparaissent à point nommé partout où il y a une misère, laissant tomber une parole de miséricorde et de pardon , et consolant l'humanité par le spectacle sublime des vertus évangéliques. C'est donc avec bonheur que nous avons recueilli de la bouche d'un témoin digne de foi, et que nous répétons ici, les deux anecdotes suivantes :

« Dans la journée du 25, un capitaine de la garde mobile , fait prisonnier par les insurgés , fut conduit dans la cour des sœurs de charité du 12e arrondissement. Il allait être fusillé, lorsque la supérieure , avec cette abnégation et cette énergie que Dieu a mises au cœur des femmes qu'il a bénies, se plaça résolument en travers du fusil :

« — Arrêtez ! s'écria-t-elle , c'est ici la maison de Dieu ! Un crime la souillerait; la mort de cet homme vous porterait malheur !

» —Vous avez raison, ma sœur ; vous avez toujours été bonne pour nous, nous ne voulons pas vous faire de peine. Nous allons emmener le prisonnier et le fusiller dans la rue; vous ne le verrez pas.

» — Non , mes amis; cet homme m'appartient , il ne doit pas sortir d'ici. Au nom des services que nous vous avons rendus, au nom de vos femmes et de vos enfans , je le réclame. Qu'il soit notre prisonnier. »

» Pendant deux heures, la courageuse et noble sœur lutta, sans faiblir un instant, contre les forcenés qu'elle ne pouvait convaincre , mais empêchant le crime par sa présence et sa fermeté , lorsqu'une vive fusillade lui vint en aide comme un argument suprême. La supérieure profita du premier moment de trouble et d'hésitation pour pousser le pauvre officier dans la pharmacie , dont elle ferma la porte, et l'ayant déguisé à la hâte, elle parvint à le dérober à ses meurtriers. Et, revenant au milieu d'eux quelques instans après : « Remercions Dieu , leur dit-elle avec un sourire sur les lèvres et une prière dans le cœur; remercions Dieu qui a sauvé le prisonnier. »

« Ailleurs un insurgé , ivre de poudre, d'eau-de-vie et de sang trouvant sur son passage une sœur de charité qui allait porter secours aux blessés, lui posa, en la menaçant, la baïonnette sur la poitrine. La sœur le fixa sans s'émouvoir , et , détournant le fusil d'un geste de dédain : « Crois-tu donc , mon ami, que j'aie peur d'une baïonnette... je n'ai peur que de Dieu ! » Et, continuant sa route sans détourner la tête , elle s'en alla auprès d'un mourant qu'une balle avait frappé quelques pas plus loin. Nous ne nous sommes pas inquiétés de demander le nom de ces deux sœurs; elles n'en ont pas. Pour Dieu qui les connaît, ce sont deux anges; pour nous, ce sont deux sœurs de charité ! »

—Nous avons dit la mort du brave Négrier frappé d'une balle , à la tête de nos troupes , au moment où , avec un bouillant courage, il escaladait une barricade. La République devait honorer la mort glorieuse du général, le dévouement du représentant. Par un décret, l'Assemblée nationale assura une pension à sa veuve , et à l'un de ses fils donna l'épaulette d'officier. Des obsèques aux frais de l'Etat furent ordonnés.

Les dépouilles mortelles du général Négrier furent transportées à Lille. Sur son passage , les populations s'empressèrent et vinrent lui rendre un dernier hommage. Nous terminerons ce précis historique des fatales journées que nous venons de traverser , par le récit noble et touchant des obsèques du général.

Funérailles du général Négrier.

Lille a fait le 2 juillet ses derniers adieux au général Négrier.

Avant deux heures, une population nombreuse se pressait dans nos rues et sur nos places. A toutes les maisons flottait un drapeau tricolore accompagné du signe de deuil. Les visages étaient tristes; la douleur, qui étalait de toutes parts ses lugubres signes, regnait davantage encore au fond des cœurs.

L'église Saint-André, où devait se célébrer la cérémonie funèbre, était entièrement tendue de noir, et a reçu le convoi à quatre heures. Une heure après, le cortége s'est ébranlé et s'est rendu dans l'ordre suivant au cimetière de la ville :

La garde à cheval ;

Le bataillon des canonniers ;

Les 2e et 4e bataillons de la garde nationale ;

Les détachemens des gardes nationales de Roubaix, Tourcoing, Armentières, Seclin, Haubourdin, Wazemmes, Amiens, Arras, Douai, Valenciennes, etc., etc., qui tous avaient voulu prendre part au deuil général.

Le clergé, chantant les prières des trépassés.

Le corps du général dans un cercueil de plomb; huit sous-officiers l'élevaient sur leurs épaules. Les insignes du grade de général de division, l'écharpe de représentant du peuple reposaient sur le cercueil.

Le cheval de bataille couvert d'un crêpe.

M. Lebrun, aide-de-camp du général, seul.

Puis un immense cortége en tête duquel s'avançait le fils du général à côté de M. Dubois, ami et exécuteur testamentaire du noble défunt; les représentants délégués ; MM. Porion, Ternaux et Kœnig; plusieurs de nos représentans du Nord, parmi lesquels nous remarquons M. Giraudon, en uniforme de fourrier de la garde nationale, Géry-Heddebault, Lemaire, Bonte-Pollet; les premières autorités, le préfet du Nord, le maire, les généraux Carrelet et Bois-le-Comte ; le préfet d'Arras, M. Degouve-Denuncques, M. Huré, procureur-général à Douai ; des conseillers et présidents de chambre des cours d'Amiens et de Douai ; le tribunal et le parquet de Lille ; les chefs des différents services publics ; enfin, une foule d'officiers de tous grades, de toutes armes, et de citoyens de toute condition.

Le 74e régiment de ligne et le régiment de hussards fermaient la marche.

Au cimetière, et après que le corps eût été déposé dans le caveau funéraire, plusieurs discours ont été prononcés. L'espace nous manque pour les reproduire ici.

—Après les funérailles, une scène touchante s'est passée à l'Hôtel des Canonniers. Le fils du général a, suivant sa volonté dernière, remis au bataillon d'artillerie la glorieuse épée de son père. Toutes les autorités assistaient à cette cérémonie si simple et à la fois si solennelle.

M. Dubois a pris la parole en ces termes :

« Canonniers de Lille ,

« Vous venez de remplir le dernier devoir pieux envers votre général.

« J'ai l'honneur de vous présenter son fils, qui vient acquitter envers la garde nationale de la ville de Lille la dette d'amitié.

« Le corps des canonniers sédentaires , depuis sa glorieuse création en 1483 , s'est distingué dans tous les grands périls de la patrie ; il n'a pas subi de dislocation temporaire.

« Chaque fois que dans sa longue vie de soldat , le général Négrier a servi à Lille , depuis le grade de capitaine jusqu'au premier commandement, il a toujours admiré votre belle tenue , votre organisation , et par-dessus tout votre discipline. De là est venu ce sentiment de confraternité qui lui faisait dire il y a quelques semaines ces chaleureuses paroles :

« Mais je suis votre ami ; ne suis-je pas de Lille comme vous , ne « m'avez-vous pas adopté, je me ferai tuer pour vous.

« C'est ensuite de cette dernière circonstance qu'il me disait et à d'autres amis aussi :

» J'ai de la joie dans mes enfans , ma fille est heureuse, mon fils est » soldat , j'ai soixante ans , je n'ai plus qu'un vœu , c'est un boulet » de canon au front ou une balle au cœur devant l'ennemi. »

« C'est en ce moment aussi qu'il a exprimé sa volonté que son épée vous fut remise. En cas , disait-il, si la gloire suprême du soldat ne m'est pas réservée, je finirais mes vieux jours à Lille, je guiderai mon fils.

« Elzéar Négrier lui permettait tous les rêves d'un bon père.

« Voici, Canonniers, ce que j'ai extrait ce matin d'une lettre écrite trois jours avant sa mort.

« Elzéar devait , disait-il , me remplir de satisfaction par toute sa « manière d'être et de faire ; il me fait aimer et estimer de tous ceux à « qui il a à faire , rien ne le dérange de ses études qu'il poursuit avec « persévérance. »

« Le soldat est maintenant officier de par la volonté de l'Assemblée nationale pleine de reconnaissance. Négrier n'en persiste pas moins et de lui-même, croyez-en ma parole à continuer de s'instruire ; il ne lui suffit pas d'être officier, il veut savoir l'être.

« Maintenant qu'il est pour nous tous un fils de la cité , nous allons tous nous associer à ses progrès.

« Le jeune officier voudrait bien aussi vous faire agréer son gage. Voici un vœu qu'il m'a demandé de vous communiquer :

« Plusieurs d'entre vous , Canonniers, ont vu , ou savent avec quel respect le corps des bombardiers d'une grande puissance voisine conserve et montre à l'étranger l'uniforme d'un de ses grands capitaines tué en combattant pour sa patrie ; ils ont vu avec émotion ces précieuses reliques criblées de balles.

« Elzéar Négrier n'ayant à vous offrir que les trophées de son père , vous prie de vouloir bien accepter l'habit du général de division Négrier, représentant du Nord , percé de balles et encore couvert de sang versé pour la patrie.

« Si vous l'acceptez, Canonniers, crions ensemble honneur à ces trophées et Vive la République. »

Ces paroles sont accueillies par les cris unanimes de : Vive la République !

Le colonel Duhaut , recevant l'épée des mains de M.

Dubois , l'a remise à M. Saint-Léger , qui a dit :

« Camarades ,

« Lorsque le général Négrier est tombé frappé à mort sur les barricades de Paris, il tenait à la main une épée forte et glorieuse dont le soleil d'Afrique et le feu des batailles avait bronzé l'acier ; cette épée, la voici !.....

« Le brave soldat, en mourant, a voulu dignement et sûrement placer ce précieux héritage ; cette épée avait toujours marché la pointe à l'ennemi , dans la voie du courage et de l'honneur ; il fallait dans ce cas ne la laisser qu'à des mains bien décidées à lui faire toujours suivre le même chemin : le général a légué son épée au corps des canonniers de Lille , et c'est son propre fils qu'il a chargé de nous la remettre...

« Maintenant , Camarades , vous comprenez de quelle charge est grevée pour vous ce legs d'un héros.... Je vais attacher cette épée à mon côté ; désormais avec moi, comme avec mes successeurs , elle marchera, ainsi qu'un palladium sacré, à la tête de notre bataillon.... Canonniers, je vous connais , vous la suivrez tous jusqu'à la mort partout où l'appellera l'honneur et le salut de la patrie !

« Oui, Négrier, tu as bien fait de léguer ton épée aux canonniers de Lille ! Nous te le jurons ici, nous la tiendrons droite et ferme au feu comme tu l'as tenue toi-même ! (Les cris : Nous le jurons ! répétés par tous les artilleurs, interrompent leur commandant). Merci, Négrier, merci ! Et vous, qui nous apportez cet immortel trophée, vous, le fils de Négrier, laissez-nous vous embrasser comme un frère , car il était notre père à nous aussi !, le noble soldat que nous pleurons ensemble ! »

Le brave commandant alors a serré dans ses bras le fils du général. L'émotion était à son comble.

Le général Négrier a donné à l'artillerie ce qu'il pouvait donner de plus magnifique. Nous ne pourrions , en en parlant davantage , qu'affaiblir les belles paroles prononcées par M. Saint-Léger , paroles qui honorent autant la mémoire de celui à qui elles s'adressent que le cœur de celui qui les prononce.

—M. Dubois , juge à Lille , et exécuteur des dernières volontés du général Négrier , a amené dans le salon de la Paix le fils du général , encore vêtu de son habit de collégien. Ce jeune homme venait remercier les représentants du Nord qui ont accompagné jusqu'à Lille les restes de son père.

Un représentant ayant demandé au fils du général Négrier pourquoi il ne portait pas encore les épaulettes que la Chambre lui avait votées ; le jeune homme a répondu qu'il mettrait son habit de lieutenant, une fois, pour aller le montrer à sa mère ; mais qu'ensuite , il demanderait à son colonel de le recevoir comme simple soldat jusqu'au jour où , par son instruction , il serait devenu digne de porter les épaulettes que la Chambre avait , avant tout , décernées à la mémoire d'un père dont il ne voulait pas démériter.

—M. Dubois a adopté pour fils le jeune Négrier.

— C'est le jeudi 6 juillet qu'ont eu lieu les funérailles des défenseurs de l'ordre dans les funestes journées de juin. Nous devons consacrer notre dernière page à cet hommage public rendu à leur mémoire.

Cérémonie funèbre en l'honneur des victimes des journées de Juin.

Le six juillet, dès le point du jour, on a repris, sur la place de la Concorde, les préparatifs laissés inachevés la veille, pour la décoration funèbre de l'estrade et de l'autel, élevés en face de l'obélisque, du côté de l'entrée des Champs-Elysées.

Une foule immense se presse dès cinq heures pour contempler l'état des travaux avant la cérémonie.

Vers huit heures la circulation est interrompue à l'ouest de l'obélisque. A neuf heures la place est entièrement occupée, et les personnes invitées commencent à affluer sur les deux terrasses réservées du jardin des Tuileries.

La façade du palais de l'Assemblée Nationale et celle de la Magdeleine sont tendues de noir.

Au palais de l'Assemblée, une tenture noire, relevée d'une bordure avec des étoiles d'argent, occupe toute l'étendue du péristyle en arrière de la colonne, et les deux grands murs latéraux à la hauteur des portes d'honneur.

Les colonnes, depuis la base jusqu'à l'entablement, sont revêtues de noir.

Le grand fronton du palais disparaît sous une tenture noire, bordée d'argent, avec une vaste étoile d'argent au sommet du triangle, et ces mots en lettres d'argent : *République Française*.

D'immenses guirlandes de lierre et de chêne pendent dans les entre-colonnes.

A la Magdeleine, c'est toute la façade intérieure du péristyle, depuis le sol jusqu'à l'entablement, qui est tendue de noir ; les grandes colonnes cannelées sont seulement couvertes de manchons noirs de 30 à 35 pieds de hauteur, relevés en haut et en bas par une large bande d'argent.

L'autel élevé sur la place repose sur une vaste estrade formée de trois assises superposées de granit rose ; chacune des assises supérieures est en retraite de l'assise inférieure, chaque assise est bordée d'un large bandeau noir, semée d'étoiles dans un encadrement en argent.

Un perron en marbre clair, avec un palier entre deux rampes successives de 20 degrés chaque, conduit au haut de l'estrade jusqu'au pied de l'autel.

Cet autel est en bronze et argent, surmonté d'un tabernacle de matière semblable : de nombreux lampadaires d'argent projettent au grand jour une lueur douteuse sur les objets environnans :

L'autel est couronné par une coupole argentée surmontée d'une croix en argent, et supportée sur un pourtour de velours noir et argent. Cette coupole et le pourtour sont supportés sur quatre colonnes gothiques revêtues de velours noir et d'argent.

Quatre grandes bannières de velours noir, relevées d'argent, descendent le long des quatre pilastres, et forment sur l'autel un riche et sombre baldaquin. La bannière, qui se trouve en face du devant de l'autel, porte une image du Christ, peinte en bleu rouge et or, à la manière des miniatures de manuscrits saints; à droite et à gauche un ange, peint d'après la même manière, encense l'image du Sauveur. De riches médaillons peints occupent le milieu des autres bannières.

Il est dix heures et demie, quand l'évêque officiant monte les degrés de l'autel.

Sur la plate-forme, au pied de l'Obélisque, des banquettes drapées de noir ont reçu les membres de l'Assemblée nationale, en costume de deuil et au grand complet. Le chef du pouvoir exécutif et les ministres sont au milieu d'eux.

Les corps constitués, les cours et tribunaux, la cour des Comptes, l'Institut, ont pris place à droite et à gauche de l'autel, sur les deux plates formes d'asphalte qui font face aux chevaux de Marly.

Au pied des gradins qui conduisent à l'autel sont les artistes qui prennent place à l'exécution du saint office.

Derrière les banquettes des constitués, à droite et à gauche, sont les députations des gardes nationales présentes à Paris et les députations de l'armée.

Au moment où le sarcophage est arrêté en face de l'autel, les tambours battent aux champs; la troupe, rangée au loin dans l'avenue des Champs-Elysées, sur le pont de la Concorde, sur la place et dans la rue Nationale jusqu'à la Madeleine, prend les armes et incline ses drapeaux.

L'ensemble de ce spectacle est d'une douloureuse majesté; le ciel est bleu, sans un seul nuage; un brillant soleil éclaire les masses de verdure des Tuileries et des Champs-Elysées, les deux frontons en deuil du Palais-Législatif et de la Madeleine, les bâtiments en construction de l'autre rive de la Seine; l'Arc-de-Triomphe couvert de drapeaux se découvre dans le lointain; les gerbes des deux fontaines voisines de l'obélisque ont cessé de jaillir, et leurs eaux retombent silencieuses dans les vasques d'airain.

A de longs intervalles, on entend retentir le canon des Invalides; et cent mille têtes nues s'inclinent devant le prêtre qui bénit tous ces morts, généreuses victimes tombées pour la cause commune de l'ordre et de la liberté.

Vingt chevaux caparaçonnés de noir traînent ce lourd sarcophage sur lequel quatre assises de cercueils s'élèvent sur une plate-forme de bronze qui supporte à ses angles, ici, deux immenses candélabres d'argent; là, deux trépieds lampadaires du même métal; des guirlandes de cyprès, des couronnes d'immortelles sont, avec de simples trophées d'armes civiques, les seuls ornements du sarcophage.

Des officiers-généraux, des soldats de la garde nationale et de l'armée, des magistrats sont autour du char et tiennent les cordons du poële funèbre, en mémoire des services rendus aux lois et à la liberté par les victimes dont il recouvre les restes.

Les statues des villes de France, qui font l'un des plus brillans ornemens de la place, sont couvertes d'un voile noir; car toutes

ou presque toutes , ont des morts à pleurer dans cette journée.
Les colonnes rostrales destinées à l'éclairage sont aussi voilées
de noir , et supportent des guirlandes de cyprès.

A onze heures et demie , le cortége s'ébranle de nouveau de la
Concorde et s'avance vers la Madeleine.

La cavalerie de la garde nationale marche en tête.

Viennent ensuite la garde républicaine à cheval , divers détachemens de garde nationale , d'infanterie et d'artillerie.

Deux cents prêtres du clergé de Paris suivent à pied et chan-
tent l'office des morts.

Après le char , on voit marcher des dragons , des carabiniers ,
et un nouveau détachement de la garde nationale à cheval.

Arrivés à la Madeleine , Mgr. l'évêque de Langres récite les
prières d'usage et dit l'*Absoute*.

Les cercueils sont déposés dans les caveaux provisoires qu
les attendent.

La foule s'écoule en silence , et Paris reprend son aspect ac-
coutumé.

Les journées de Juin.

C'était vrai ! ! — Sous le sol de notre capitale
Bouillonnait sourdement une lave fatale,
    Un noir volcan d'enfer ;
Et dans son antre affreux , l'antique barbarie
Minait depuis long-temps notre belle patrie
    De ses ongles de fer.

D'où venaient-ils ces gens , lâches rêveurs de crimes ,
Qui voulaient pour régner un trône de victimes,
    Un palais de douleurs ;
Ces gens qui ne humaient que du sang pour breuvage ,
Et levaient sur Paris l'étendard du pillage
    Aux sinistres couleurs ?...

Ils agitent dans l'air leur fratricide épée ;
Ils traînent, en hurlant, une masse trompée
    Qui roule sur leurs pas ;
Au cœur des plébéiens ils soufflent la colère :
L'or qu'on répand à flots au seuil de la misère
    Leur a fait des soldats.

Le signal est donné. — Paris tremble ! — Le monde
Gémit, et sent au loin la secousse profonde
    De Satan révolté :
Oui ! Satan contre Dieu gronde et devient rebelle ,
Le monstre veut encore frapper l'œuvre immortelle
    De la société !

La France, du combat est la sanglante arène ;
Déjà, de toutes parts, la rage se déchaîne
    Et peuple les tombeaux,

L'homme sent sous ses pieds la flamme du cratère,
Et notre France, hélas !... la reine de la terre,
    S'arrache par lambeaux.

Pendant plus de trois jours les enfants et les femmes
Se plongent avec eux dans ces fureurs infâmes,
    Sans pudeur, sans remords;
Aux captifs désarmés ils jettent leur injure,
Et leurs coups furieux, profanant la nature,
    N'épargnent pas les morts.

Pendant plus de trois jours ! !—Dans un sanglant délire
Avec ses propres mains la France se déchire :
    Dieu paraît impuissant !
De morts et de mourants la capitale est pleine;
Le fer brille partout, le feu gronde... et la Seine
    Roule des flots de sang.

Hélas ! pendant ces jours de désespoir étrange,
Il semblait que la terre eût perdu son bon ange,
    L'éternelle Raison ;
Mais Dieu veillait ! Sa main qui châtie et pardonne
Ainsi de temps en temps nous foudroie et nous donne
    Quelque grande leçon !

Dieu l'ordonne : à sa voix, s'arrête le carnage,
Il courbe sous sa loi cette foule sauvage
    Qui se croit un géant ;
Sous son geste vainqueur la horde famélique,
Qui mordait au berceau la jeune République,
    Rentre dans le néant.

Aux mains de Cavaignac, l'Eternel met son glaive ;
Et la France, sortant d'un exécrable rêve,
    Ouvre ses yeux hagards ;
Sur les débris en feu plane la Destinée ;
Dans une mer de sang la Discorde enchaînée
    Vient frapper nos regards.

Ils sont vaincus ! Chantons notre grande victoire !
Que le cri du bonheur s'unisse aux cris de gloire :
    Puis courons adorer
Le Dieu saint, le Dieu fort qui veillait sur nos têtes.
Amis : des chants, des fleurs, de l'encens et des fêtes !...
    Mais, il nous faut pleurer.

Après ces jours affreux, ces terribles batailles,
Il faut suivre en pleurant de longues funérailles ;
    Et quand nos rangs vainqueurs
S'exaltent bruyamment, et sont pleins d'allégresse,
Que de veuves en deuil, que d'enfants en détresse
    Sentent briser leurs cœurs !

Au foyer paternel la place reste vide :
Là , c'est un fils qui tombe, un héros intrépide ;
    De vivre insoucieux ;
C'est un beau fiancé qui sentant fuir son âme,
Redisait en mourant le doux nom d'une femme
    Et s'envolait aux cieux.

—

C'est un vieux général respecté par les balles ;
Vieux héros couronné de palmes triomphales ;
    Blanchi dans les combats ;
Sur notre sol impie il finit sa carrière ,
Et le soleil de France a caché sa lumière
    En voyant son trépas !

—

Négrier ! Négrier ! nous chanterons encore ,
Nous pleurerons ce nom que notre France honore ;
    Que craignait l'étranger ;
Honte à ces malheureux qui boivent tant de larmes ;
Pourquoi sont-ils vaincus ?... Qu'ils reprennent leurs armes :
    Nous courrons te venger !

—

Puis là bas... c'est encore un martyr : c'est un prêtre ,
De ce monde maudit il vient de disparaître
    Avec un tendre adieu.
Pareil à la victime au jour du sacrifice ,
Il offrit humblement sa vie et son supplice
    En holocauste à Dieu.

—

Monseigneur de Paris ! Votre sainte mémoire
Comme un grand souvenir apparaît dans l'histoire ;
    Se grave sur l'airain :
Rejoignez des martyrs les troupes éternelles,
Et que votre nom vive , abrité sous les ailes
    Du peuple souverain.

—

O sainte liberté ! Fraternité sublime ;
Que loin de notre sol vos lois chassent du crime
    Les instincts odieux :
Après avoir payé cette dette suprême ,
La jeune République a reçu son baptême
    Terrible et glorieux.

—

Gloire à ceux qui sont morts ! gloire à ceux qui survivent !
Que vers tous ces héros les chants du peuple arrivent
    Concert retentissant.
Soldats et citoyens, vieille et nouvelle armée ;
Vous avez racheté la France bien aimée
    Au prix de votre sang.

Benj. KIEN.

Douai.—ADAM D'AUBERS , imprimeur.